INSTITUT DE FRANCE

ACADÉMIE DES SCIENCES MORALES ET POLITIQUES

FRÉDÉRIC LE PLAY

SA MÉTHODE — SA DOCTRINE — SON ÉCOLE

COMMUNICATION

FAITE A L'ACADÉMIE DES SCIENCES MORALES ET POLITIQUES

LE 15 JUILLET 1905

PAR

M. E. CHEYSSON

MEMBRE DE L'INSTITUT

ANCIEN PRÉSIDENT DE LA SOCIÉTÉ D'ÉCONOMIE SOCIALE

Extrait des comptes rendus de l'Académie

PARIS

LIBRAIRIE GUILLAUME ET Cie

14, RUE DE RICHELIEU

1905

EXTRAIT DU COMPTE RENDU

de l'Académie des Sciences Morales et Politiques

(INSTITUT DE FRANCE)

PAR MM. HENRY VERGÉ ET P. DE BOUTAREL

Sous la direction de M. le Secrétaire perpétuel de l'Académie.

FRÉDÉRIC LE PLAY[1]

SA MÉTHODE — SA DOCTRINE — SON ÉCOLE

La science sociale est aujourd'hui grandement à la mode ; on en fait partout à la fois, dans les ateliers comme dans les salons, sur la voie publique comme dans les chaires, les parlements, les académies.

L'un des hommes qui ont le plus contribué à ce mouvement et qui ont marqué le plus profondément leur empreinte sur ces questions, c'est à coup sûr Frédéric Le Play. Ingénieur éminent, penseur illustre, il a fait deux parts de sa vie : l'une, consacrée aux travaux professionnels et à la science de la métallurgie et de l'exploitation des mines ; l'autre, plus brillante encore, dévouée au service de l'intérêt public et à l'étude des causes d'où dépendent la paix sociale et la prospérité des nations.

A l'heure actuelle, où ces problèmes sont l'objet d'un véritable engouement, où bon nombre des idées démontrées et formulées par Le Play sont tombées dans le domaine commun et font partie de cette atmosphère intellectuelle que nous respirons à notre insu, nous avons quelque peine à nous figurer l'importance de son rôle et ce qu'il lui a fallu de sagacité profonde pour aborder un pareil terrain dès 1827, de science et de méthode pour s'y installer en maître après un demi-siècle de travaux poursuivis sans relâche, enfin de clairvoyance divinatoire et courageuse pour prédire, au milieu de l'indifférence et de la quiétude

(1) Communications faites à l'Académie des Sciences morales et politiques le 15 juillet 1905.

générales les catastrophes qui s'approchaient et pour indiquer les moyens d'en prévenir le retour. C'est seulement en replaçant un homme dans son cadre et dans son milieu qu'on peut exactement mesurer sa taille et son avance sur ses contemporains.

Déjà, de son temps, et de bonne heure des esprits d'élite avaient pressenti ce que les recherches de Le Play renfermaient de puissant et de nouveau. « Je lis et j'annote la *Réforme sociale*, écrivait Montalembert, en 1864 ; je m'en imbibe goutte à goutte. Je n'hésite pas à dire que Le Play a fait le livre le plus original, le plus courageux, et, sous tous les rapports, le plus fort de ce temps... Il sera vraiment grand dans l'histoire intellectuelle du XIX⁰ siècle. » Sainte-Beuve n'est pas moins formel ; il rend hommage à « son esprit exact, sévère, pénétrant, exigeant avec lui-même », et voit en lui « un de ces hommes rares, chez qui la conscience est un besoin de première nécessité ! » — Son ouvrage, ajoute-t-il, est, sans parti pris, un modèle et devrait être une leçon pour tous les réformateurs, en leur montrant par quelle série d'études préparatoires, par quelles observations et comparaisons il convient de passer, avant d'oser se faire un avis et de conclure. »

A mesure que ses travaux se multipliaient, sa réputation grandissait, au point de devenir universelle à la fin de sa vie. Les étrangers d'élite qui traversaient Paris se faisaient un devoir d'aller le saluer et le consulter : sa correspondance était écrasante ; de nombreux disciples l'entouraient et recueillaient avec avidité ses enseignements.

Dans une lettre datée du 4 avril 1882, la veille de la mort de Le Play, et qui, arrivée trop tard pour être lue par lui, a été du moins comme une couronne funéraire déposée sur sa tombe, le cardinal de Lavigerie lui écrivait de Tours : « Vous êtes l'un des hommes que je respecte et que j'admire le plus ! »

Ce qui a fait sa grandeur et assure l'immortalité de son nom, ce ne sont ni ses remarquables travaux d'ingénieur et de métallurgiste, ni ses exploits de commissaire général des Expositions universelles de 1855, de 1862 et surtout de 1867 : ce sont ses études sociales ; ce sont les livres où il les a présentées au public ; c'est le mouvement qu'il a déterminé ; c'est la Société d'Economie sociale et l'Ecole qu'il a créées ; c'est sa méthode et sa doctrine. Tels seront bien ses véritables titres de gloire aux yeux de la postérité.

Au moment où l'on s'apprête à célébrer son centenaire, j'ai pensé qu'il était de mon devoir d'apporter une contribution personnelle à cette manifestation et de rendre un public et filial hommage au maître, dont j'ai eu le grand honneur d'être le collaborateur, le disciple et l'ami.

I. — La méthode

Je ne retracerai pas ici la biographie de Le Play, que j'ai déjà faite ailleurs (1), et je me renfermerai dans l'exposé de sa méthode, puis de sa doctrine, enfin du rôle joué par son Ecole dans le mouvement social contemporain (2).

(1) *La Quinzaine*, n° du 15 janvier 1896.

(2) Voici, dans un rapide raccourci, les principales données de l'histoire de Le Play :

Il est né le 11 avril 1806, dans une famille modeste, au village de la Rivière, entre le fort de Honfleur et la forêt de la Bretonne.

Poussé vers l'Ecole Polytechnique par un ingénieur en chef des Ponts et Chaussées, ami de sa famille, M. Don de la Vauterie, il y entra en 1825 ; puis, en 1827 à l'Ecole des Mines. Il se lia, dans cette école, d'une étroite amitié avec Jean Reynaud, l'auteur de *Terre et Ciel*. Il fit, en compagnie de son ami, des voyages de mission en Allemagne, et mêla déjà à ses préoccupations professionnelles d'ingénieur des mines celles des études sociales qui commençaient à le hanter. Blessé gravement par une explosion de laboratoire en 1830, il résolut, pendant la Révolution de 1830, de travailler au salut de

La doctrine, c'est l'ensemble des conclusions que Le Play a tirées de sa méthode ; mais la méthode n'implique pas l'adhésion obligatoire à la doctrine. Chacun peut employer

son pays, s'il recouvrait la santé, et il tint parole. Il entreprit de nombreux voyages en Europe, y recueillant des observations précises sur les conditions de la paix et de la prospérité, tout en se livrant à ses travaux d'ingénieur et de directeur des mines métalliques de l'Oural, qui appartenaient au prince Demidoff.

En 1848, il fut nommé professeur de métallurgie à l'Ecole des Mines et occupa avec un grand éclat cette chaire jusqu'en 1854. Mais, cédant aux sommations de sa conscience et à celles de bons juges, comme Thiers, Arago, J.-B. Dumas, il se résigna à sacrifier sa chaire, son grand ouvrage sur l'*Art métallique au XIX* siècle, et sa notoriété, déjà grande, d'ingénieur, pour se consacrer exclusivement à sa mission sociale.

Commissaire général de l'Exposition universelle de 1855 à Paris et de la section française de celle de Londres en 1862, il fut chargé, avec le même titre, d'organiser celle de 1867, dont les contemporains se rappellent encore l'ordre merveilleux, et l'éclatant succès, et qui a introduit, pour la première fois, dans ces solennités les manifestations de l'économie sociale.

Conseiller d'Etat en 1855, grand officier de la Légion d'honneur, inspecteur général des Mines, il fut nommé sénateur en 1867, après le succès de l'Exposition qui avait mis le comble à sa renommée.

Quand les désastres, qu'il avait prévus et dénoncés, se furent abattus sur le pays, il refusa de rentrer dans la vie publique et se voua tout entier à l'œuvre de la réforme sociale. Dans l'effarement de la catastrophe, il remontait les cœurs, n'admettait pas qu'on désespérait de l'avenir et répétait hautement que « Dieu a fait les nations guérissables. »

Frappé par une attaque en 1879, il continua ses travaux avec courage jusqu'à ce qu'un dernier assaut, en 1882, lui enleva l'usage de la parole. Il ne pouvait plus exprimer sa pensée ; mais alors que tous les mots lui faisaient défaut, il en est un qu'il ne perdit jamais et qu'il répétait pour tenir lieu de ceux qui l'avaient fui : c'était « la paix », la préoccupation dominante, l'inspiration de sa vie.

Il s'éteignit le 5 avril 1882 dans une dernière crise, où Dieu lui épargna les angoisses de l'agonie.

Il a été inhumé dans une sépulture de famille au Vigens, près de Limoges.

la méthode à sa façon et conclure pour son propre compte,
à ses risques et périls ; elle est un instrument de qualité
supérieure mis à la disposition des travailleurs ; mais ils
en obtiennent des résultats divers, suivant l'usage que chacun d'eux sait en faire. Bien que Le Play crût de toute
son énergie avoir trouvé la vérité, il n'imposait ses conclusions à personne ; il se bornait à demander qu'on les
soumît au contrôle de sa méthode, et se déclarait prêt à
les rectifier, si, mieux appliquée, elle lui donnait tort.

Cette méthode n'est pas autre que la méthode d'observation, qui fait depuis longtemps la force de toutes les autres
sciences, mais que la plupart des économistes considé-
raient autrefois comme incompatible avec la nature même
de leurs études.

L'économie politique, à ses débuts, se complaisait dans
les généralités abstraites. Les anciens économistes, la con-
sidéraient comme une science de déduction, qu'un penseur
doué d'une tête solide pourrait construire à lui tout seul
dans son cabinet. Ecoutez en effet sur ce point les déclara-
tions des premiers maîtres : « Il ne s'agit pas de savoir ce
qui est, mais ce qui doit être », déclare fièrement Turgot.
« Quel sera notre guide ? » se demande l'abbé Galiani. Et
il répond : « Notre raison... Etablissons des principes ti-
rés de la nature des choses. » Pour lord Sherbrooke, « l'économie politique n'appartient en particulier à aucun peuple
ni à aucune époque. Elle est fondée sur les attributs de
l'esprit humain, et nul pouvoir n'a de prise sur elle. » Rossi
lui-même écrivait, il y a cinquante ans, qu'elle « est plutôt une science de raisonnement qu'une science expérimentale. »

Ce procédé déductif part de vues générales et métaphy-
siques sur l'homme considéré en lui-même ; il les assimilé
à des axiomes également vrais pour tous les temps et tous
les peuples, et emploie toutes les ressources de la dialecti-
que, j'allais dire de la scolastique, à établir l'ordre ration-

nel des sociétés, au lieu de l'observer directement et de remonter de l'observation aux principes. Suivant une fine remarque de Taine (1), c'est le procédé de l'esprit classique ; c'est aussi celui de Rousseau et de ses adeptes, qui se sont forgé un homme, ou plutôt un *homunculus*, cosmopolite, abstrait, dépouillé de ce qui constitue une personnalité, ni Grec, ni Français, ni Turc, « l'homme en soi », pour lequel il s'agit de trouver des lois s'appliquant à tout le monde, c'est-à-dire ne convenant à personne.

Ce procédé n'était pas celui de Le Play. Il se disait volontiers l'élève de Descartes. Partant, à son exemple, du doute provisoire, comme d'une étape pour s'élever à la certitude scientifique, il a employé « de longues années à voyager, à fréquenter des gens de diverses humeurs et conditions », certain, de même que l'auteur du *Discours sur la méthode*, « de rencontrer beaucoup plus de vérité dans les raisonnements que chacun fait touchant les affaires qui lui importent et dont l'événement le doit punir bientôt après, s'il a mal jugé, que dans ceux d'un homme de lettres dans son cabinet, traitant de spéculations qui ne lui sont d'autres conséquences, sinon que peut-être il en tirera d'autant plus de vanité qu'elles seront plus éloignées du sens commun, à cause qu'il aura dû employer plus d'esprit et d'artifice à les rendre vraisemblables ».

Pour se guider dans ses recherches, Le Play sentait le besoin de posséder ce principe directeur, cette loi supérieure et immuable, dont les prescriptions des Parlements ne sont ou ne devraient être que l'émanation, et dont dépendent, en dernière analyse, le bonheur ou le malaise de l'humanité.

Ces règles existent-elles ? Oui, répond avec force M. de Bonald. « Il y a des lois pour la société des fourmis et pour celle des abeilles ; comment pourrait-on croire qu'il n'y en

(1) *La Révolution*, t. I, p. 183.

a pas pour celle des hommes et qu'elle est livrée au hasard de leurs inventions ? » Ces règles existent donc ; mais, tandis que fourmis et abeilles sont poussées par l'instinct à obéir à leur loi et n'en conçoivent pas d'autre, l'homme possède le privilège, à la fois glorieux et funeste, de pouvoir à son gré respecter ou violer la sienne. Seulement, suivant qu'il usera de sa liberté dans un sens ou dans l'autre, il trouvera le bonheur en obéissant à sa loi, ou la souffrance en la transgressant. Cette souffrance se trahira par les agitations, l'antagonisme, l'instabilité, les désordres, les malaises de toute nature, la décadence, de même que le bonheur s'affirmera par la stabilité, la concorde, la prospérité, la paix. Il faut donc s'en aller, à la façon de Descartes, de par le monde, en quête de ces symptômes qui attestent la santé ou la maladie sociales, et qui permettront de déterminer les circonstances, les constitutions et les règles correspondant à ces divers états.

Voici la méthode d'observation qui se dessine ; mais à quoi l'appliquer ? à quelle partie du corps social, à quel élément de chaque pays ? — A la famille, c'est-à-dire à la véritable molécule sociale. C'est au foyer domestique que viennent aboutir par une répercussion plus ou moins lointaine, mais infaillible, tous les phénomènes extérieurs. En s'y postant, comme dans un observatoire, on est sûr d'y saisir tous ces symptômes de malaise ou de bonheur, d'antagonisme ou de paix, qui doivent servir de critérium aux recherches. La famille n'est pas un groupement artificiel ou éphémère. Pendant que tout passe, elle demeure. La famille fait avec les éléments d'un jour une chaîne indéfinie qui relie les générations successives ; en prolongeant, en perpétuant l'individu, elle est, suivant la belle expression de Taine, « le seul remède à la mort. »

Les familles, que nous étudierons de préférence, seront les plus simples, les plus modestes, parce que nous y trouverons dans leur pureté originelle les types caractéristiques, altérés ailleurs sous l'influence des croisements et des courants auxquels est due la formation des nations modernes.

Notre grand Vauban aimait déjà, au dire de Fontenelle, « à s'informer de la manière de cultiver les terres, des facultés des paysans, de leur nourriture ordinaire, de leur salaire quotidien ». Jefferson, de son côté, écrivait en 1787 à Lafayette qu'il se plaisait « à dénicher les habitants dans leur chaumière, à regarder dans leur pot-au-feu et à goûter leur pain ». Mais nous ne nous en tiendrons pas à ces observations de passant ; nous leur donnerons un corps scientifique, et pour étudier ces familles, nous dresserons leur budget. Comme tous les actes de la vie finissent par aboutir à une recette ou à une dépense, il nous suffira d'aligner le budget d'une famille, pour la disséquer jusque dans sa moelle et pénétrer le secret de sa situation, non seulement matérielle, mais encore morale. C'est dans ce budget que se peignent la sobriété ou la tempérance, la prévoyance ou la dissipation, le rôle de la femme, l'éducation des enfants, la prospérité ou la décadence, et ce qu'on appellerait aujourd'hui « l'état d'âme » du ménage. Avec le budget, on tient la clef de toutes les questions sociales. Aussi en ferons-nous comme « l'armature » de nos observations, auxquelles il donnera la force et la valeur d'un témoignage véritablement scientifique.

Telle est la méthode de Le Play, dont l'originalité et la vigueur reposent en grande partie sur la « monographie de famille ». — « Choisir, a dit notre confrère M. Paul Leroy-Beaulieu, une famille qui paraisse être le type des familles environnantes, l'étudier minutieusement comme à la loupe, décrire son existence, son histoire, ses ressources, ses dépenses, les relations des divers membres qui la composent, ses mœurs et ses usages, apporter dans cette tâche autant de scrupule que s'il s'agissait d'une famille royale ou du budget d'un grand Etat : voilà en quoi consiste l'observation. Puis, il la faut renouveler comme le naturaliste renouvelle l'expérience ; quand on en a fini avec une de ces humbles familles, on passe à une autre, située dans des conditions différentes, en une autre contrée, et l'on accumule ainsi les monographies (1). » *Les Ouvriers européens* contenaient cinquante-sept de ces monographies ; depuis lors, leur nombre s'est accru et dépasse la centaine (2). Toutes sont établies sur un cadre, dont l'uniformité n'est pas moins précieuse à ceux qui rédigent la monographie qu'à ceux qui la consultent.

Pour qu'un tel cadre pût se prêter aux situations les plus variées et convenir à des Chinois et à des Bachkirs, comme à des Français et à des Italiens ; à des nomades, comme à des sédentaires ; à des paysans, des bûcherons et des pêcheurs, comme à des mineurs, des serruriers et des tisserands, il fallait que son rédacteur possédât la connaissance parfaite de l'anatomie de la famille, de son squelette, partout le même malgré les variations d'aspect que lui impriment le climat, la profession et les mœurs. Le Play a mis vingt-cinq ans à le méditer et à l'expérimenter, et il ne l'a produit en 1855 qu'après s'être assuré qu'il répondait à toutes les conditions du problème. Ce même cadre a continué à être mis en service par tous les observateurs qui ont pratiqué ces recherches, et telle en est la valeur, qu'après avoir subi l'épreuve de cette longue expérience, il n'a dû recevoir que quelques retouches sans importance, indiquées par l'auteur lui-même dans la deuxième édition des *Ouvriers européens*.

Pour se guider dans le choix des familles-types de chaque contrée, et pour se renseigner sur le bien ou le mal,

---

(1) M. Paul LEROY-BEAULIEU. — *Journal des Débats* du 25 juin 1882.

(2) Voir le *Budget comparé des cent monographies de familles*, par MM. CHEYSSON et TOQUÉ (BAUDRY). Cet ouvrage a obtenu de l'Académie des Sciences, en 1892, le prix Montyon de Statistique.

sur les pratiques bonnes ou mauvaises, Le Play recherchait les enseignements des *autorités sociales*, c'est-à-dire de ces hommes sages, parfois de situation modeste, qui exercent un salutaire ascendant et font régner la paix autour d'eux. C'étaient, à ses yeux, les véritables maîtres de la science sociale. « J'ai fait souvent, disait-il, 2.000 kilomètres en poste pour aller consulter quelque propriétaire foncier éminent aux confins du monde européen. J'ai encore l'ardeur nécessaire — il avait alors soixante et un ans — pour aller, dans le même but, à l'extrémité du réseau ferré dans toute direction, où il y aura à recueillir un renseignement utile ou à voir un homme dévoué au bien (1). » En parlant et en agissant ainsi, il suivait à la lettre les recommandations de Platon au sujet des « hommes divins, dont le commerce est d'un prix tellement inestimable qu'on doit les aller chercher par terre et par mer » et celles de l'Ecriture : « Rencontres-tu un sage, dit-elle, veille pour aller à lui et que ton pied use le seuil de sa porte... Sa science est une eau qui déborde et le conseil qu'il te donnera subsistera pour toi comme une source de vie. »

Le Play, bien loin de professer le culte du livre, en avait plutôt la défiance, parce que trop souvent le livre cache les faits sous les mots (2). Comme la grande Catherine « qui travaillait, disait-elle, non sur le papier, mais sur la peau humaine », il travaillait, non sur les documents imprimés, mais sur les documents vivants ; il cherchait dans la réalité l'effet de l'application des textes morts et leur répercussion réelle sur la vie des individus, des familles et des peuples.

Le Play avait peu de goût pour les lettrés, qui se lais-

---

(1) De Ribbe, *Le Play d'après sa correspondance*, p. 388.

(2) « Celui qui pense transmettre un art en le consignant dans un livre et celui qui croit à son tour l'y puiser a vraiment trop de simplicité. » (Platon, *Phédéon.*)

sent aller trop volontiers aux nouveautés brillantes et té-
méraires, et pour les juristes, qui ont le fétichisme des
codes et voudraient y enfermer le monde. D'après lui, tout
ne tenait pas dans les codes, et la meilleure partie de la
constitution d'un pays résidait dans les mœurs, les coutumes, les traditions, l'initiative privée. Il se mettait volontiers à l'école des paysans et des ouvriers, et déclarait avoir
beaucoup appris avec eux. Il a donc étudié et constitué la
science sociale, non dans les bibliothèques et à coup de livres, mais sur place, en plein air, au village, dans la cité,
au foyer des familles, dans l'atelier industriel et dans le
domaine rural.

En dehors de cette discipline et de cette base expérimentale, la science sociale n'est qu'une astrologie ou une alchi-
mie, couvrant son néant d'une pompe déclamatoire, prête
à servir les théories les plus funestes, à justifier les essais
les plus aventureux, à conduire aux abîmes ceux qu'elle
affiche l'orgueilleuse prétention de diriger.

II. — La doctrine

Après la méthode, j'arrive à la doctrine, bien qu'il soit
périlleux de vouloir la résumer en quelques mots.

La géographie sociale du monde actuel nous présente des
« sociétés stables », des « sociétés ébranlées » et des « sociétés désorganisées ». Si le bonheur et la paix sont les
véritables critériums de la santé des nations, de la conformi-
té de leurs mœurs à la loi suprême, les peuples souffrants
devront, pour se guérir, se rapprocher des modèles que leur
fournissent les peuples prospères dans le passé, comme
dans le présent. Ils auront dès lors, d'une part, à restaurer
— avec les tempéraments nécessaires, et en les adaptant
aux conditions des sociétés modernes, — les institutions
sociales et les mœurs qui ont fait autrefois la grandeur de

leurs pères ; d'autre part, à emprunter le secret de leurs succès à ceux de leurs émules qui auront su garder ou conquérir la prospérité. C'est ce que conseillait déjà Socrate à ses disciples et à ses contemporains : « Pour recouvrer leur ancienne vertu, disait-il, il faut que les Athéniens reprennent les mœurs de leurs ancêtres... ; qu'ils imitent les peuples qui commandent aujourd'hui ; qu'ils adoptent leurs institutions ; qu'ils s'y attachent de même, et ils cesseront de leur être inférieurs ; qu'ils aient plus d'émulation, et ils les auront bientôt surpassés (1). »

Ainsi envisagée, la science sociale cesse d'être la science de la richesse pour devenir la science du bonheur des familles ou des nations, et celle des moyens capables de leur en conserver ou de leur en restituer le bienfait. Elle prendrait volontiers pour devise cette belle définition d'Aristote que « l'état le plus parfait est celui où chaque citoyen, quel qu'il soit, peut, grâce aux lois, pratiquer le mieux la vertu et s'assurer plus de bonheur ».

« La constitution essentielle de l'humanité » est l'ensemble des principes et des coutumes qui, depuis les premiers âges, règlent les idées, les mœurs et les institutions des peuples prospères. Sauf les nuances nombreuses qui varient selon les lieux et les temps, ces règles suprêmes sont partout identiques, parce qu'elles donnent satisfaction aux besoins permanents de la nature humaine.

Ces besoins permanents comprennent les besoins matériels que l'homme partage avec les animaux ; il en éprouve aussi d'autres dont il a le privilège exclusif et qui constituent son véritable titre de noblesse. Le corps veut des

(1) « Ce qui a le plus contribué à rendre les Romains les maîtres du monde, c'est qu'ayant combattu successivement contre tous les peuples, ils ont toujours renoncé à leurs usages, sitôt qu'ils en ont trouvé de meilleurs. » (MONTESQUIEU, *Grandeur et Décadence des Romains.)

satisfactions matérielles, qui se résument dans le « pain
quotidien » ; mais l'âme a faim et soif de vérités intellec-
tuelles et de jouissances morales.

Pain quotidien et loi morale, tels sont en dernière analyse les deux besoins essentiels de l'homme. Si le premier
est méconnu, le corps s'étiole, s'alanguit et s'éteint, faute
d'aliments. Si c'est le second, l'âme s'affaisse et se dégrade.
« Toute société dépérit également, dit Le Play, soit que la
subsistance y fasse défaut, soit que la loi morale y ait été
violée. »

Ce qui confère au travail sa valeur et sa noblesse, c'est
qu'il est à la fois la condition du pain quotidien et celle
de la loi morale. Afin que l'homme se décide au travail,
il doit vaincre sa répugnance instinctive pour la peine et
tremper ainsi sa volonté. Par cette discipline salutaire
sous laquelle il courbe notre nature, par cette réaction con-
tinuelle qu'il exerce sur nos organes physiques et nos ins-
tincts, en leur imposant une peine qu'ils voudraient fuir,
le travail est une excellente école pour le caractère, et un
puissant levier pour notre amélioration morale. Tel est
l'effet indirect du travail et il n'est pas moins précieux
que son effet direct ou son résultat matériel. Le Play a
accentué avec force cette pensée, en proclamant que « le
but du travail est, non la richesse, mais la vertu ».

Aussi, pour lui, toute question économique est-elle une
question morale. L'économie politique repose sur la morale,
loin de la hauteur. C'est la morale qui sert de fondement
à la prospérité matérielle. Si la loi morale vient à subir
quelque atteinte, la richesse ne tarde pas à être elle-même
tarie dans sa source. Pas plus les peuples que les individus
ne sauraient impunément se soustraire à la loi morale. A
défaut du sentiment plus noble du devoir, l'intérêt bien
entendu comme le sentiment du devoir, le juste comme
l'utile, concourent à recommander le respect de la loi

morale. La vérité étant un sommet, tout chemin qui monte y conduit (1).

De l'étude comparée des sociétés stables, ébranlées et désorganisées, Le Play a dégagé les causes du bien-être ou du malaise social et les principes à suivre pour assurer ou rétablir la prospérité morale et matérielle des peuples. Ces principes, en parfait rapport avec la nature de l'homme, sont contenus dans « le Décalogue éternel », dont les prescriptions se retrouvent chez toutes les races humaines et décident de leur destinée, suivant que ces races les appliquent ou les violent. Celles qui respectent ces principes en sont récompensées par le bonheur et la paix ; celles qui les enfreignent en sont punies par le désordre, la discorde et la décadence. « Les peuples, disait Le Play, qui observent le Décalogue prospèrent ; ceux qui le violent, déclinent ; ceux qui le répudient, disparaissent. » L'obéissance à la loi suprême, qui prévient, en le guidant, les écarts du libre arbitre ; l'autorité paternelle, chargée d'enseigner cette loi, d'en imposer la pratique aux jeunes générations et de réprimer leurs tendances innées vers le mal ; la religion, instituée pour gouverner le monde des âmes ; la souveraineté, complétant la fonction de la famille ; la constitution de la propriété foncière sous ses trois formes, communauté, propriété individuelle et patronage : tels sont, — s'il n'est pas téméraire de concentrer tant de choses en peu de mots, — les principes de la Constitution essentielle, ceux que les nations sont tenues de respecter sous peine de décliner et de périr.

Appliquant sa méthode et ses vues au régime du travail agricole et industriel, Le Play a de même formulé « les pratiques essentielles à la paix des ateliers (1) » ; il a insisté sans relâche sur les inconvénients du « partage forcé »

(1) « Cherchez d'abord le royaume de Dieu et sa justice, et le reste vous sera donné par le surcroît. » (Saint MATHIEU, VI.)

en matière de succession, et il en a demandé sans relâche la réforme dans le sens, non pas du droit d'aînesse, comme on le lui a injustement reproché, mais d'une plus grande liberté laissée au père de famille.

Il a démontré, avec une grande abondance de preuves, l'heureuse influence qu'exerçait la diffusion de la petite propriété sur la stabilité, la prospérité et la paix sociale ; il aimait à citer ce passage du livre des Rois, où il est dit que, « pendant le règne de Salomon, le peuple de Juda et d'Israël vivait dans la paix et dans la joie, chacun sous sa vigne et son figuier ». Ce qu'il voulait, ce n'était pas la petite propriété indigente et instable, mais celle qui est exactement adaptée aux facultés de travail de la famille et à ses besoins. Il se complaisait dans le tableau de ces « familles-souches », qu'il avait observées dans les divers pays de l'Europe et dont les derniers spécimens succombent chez nous sous les coups du partage forcé.

Il revient avec une insistance infatigable sur l'importance sociale de la famille et la donne comme pivot à toute bonne organisation. Tant vaut la famille tant vaut la société.

A cette famille, il faut un foyer et un foyer sain. Comment dans un foyer malsain espérer une famille saine ? En assainissant ce foyer, en aidant ses habitants à en devenir propriétaires, on assied la famille, on la moralise, on assure sa dignité avec sa sécurité, et l'on tarit, à leur source

---

(1) Ces pratiques sont au nombre de six : 1° *la permanence des engagements* entre ouvriers et patrons, jadis obligatoire, aujourd'hui volontaire ; 2° *l'entente complète sur le salaire* ; 3° *l'alliance des travaux agricoles et industriels* ; 4° *les habitudes d'épargne*, qui assurent la dignité de la famille et l'établissement de ses rejetons ; 5° *l'union indissoluble de la famille et de son foyer* ; 6° *le respect de la femme*.

Ce sont ces pratiques qui ont servi de critérium en 1867 pour guider le jury du *Nouvel ordre de récompenses* dans l'attribution de ses prix.

même, nos grandes misères, l'alcoolisme, la tuberculose, la mortalité infantile et les haines sociales.

Le Play rappelle aux détenteurs de la richesse sous toutes ses formes et surtout aux propriétaires ruraux qu'ils sont investis d'une « fonction sociale » ; que, si elle leur confère des droits, elle leur impose des devoirs, qui en sont comme la contre-partie, sinon même la rançon, et dont il a tracé le magnifique programme. Propriétaires, patrons, tous ceux, en un mot, qui jouissent d'une supériorité sociale à un titre quelconque, sont tenus de faire acte de « patronage ». Ces institutions patronales, dont nous avons admiré l'épanouissement dans les Expositions d'économie sociale de 1889 et de 1900, procèdent en ligne directe de l'action de Le Play, et c'est à lui que l'industrie et le pays sont en grande partie redevables de leurs applications et de leurs bienfaits.

« La science, disait-il, résume dans les trois axiomes suivants l'enseignement donné par la méthode sur les sociétés, les individus et les institutions : « la paix sociale est le critérium du bonheur ; — les « bons » sont ceux qui apaisent la discorde ; les « méchants » ceux qui la font naître ; — le « bien », c'est le bonheur dans la paix et le bonheur des âmes ; le « mal », c'est l'inquiétude dans l'antagonisme et la haine. »

On aurait tort, à cause de la complaisance qu'avait Le Play pour l'étude du passé et des peuples simples et primitifs, de voir en lui un esprit « rétrograde », un contempteur systématique des sociétés modernes et de leurs aspirations. Il mêle d'une façon intime le sens du présent à celui du passé. S'il rend justice aux anciennes organisations, qui ont eu leur période de grandeur et répondaient aux conditions de leur époque, il s'attache, non à leurs formes disparues sans retour, mais à leur essence et cherche à garder leur vertu sans leur moule. Il affirme que l'Etat ne doit intervenir que pour suppléer à l'impuissance ou à l'abstention de l'initiative privée, et qu'il doit s'efforcer de provoquer, de fortifier cette initiative, de manière à rendre son intervention inutile et à s'effacer. Il est partisan de la liberté, non par une sorte de fétichisme pour ce mot ou parce qu'il voit en elle une fin ou un but, mais parce qu'elle est un moyen et comme la condition même du devoir social. Ce qu'il demande pour le père de famille, ce n'est pas — je le répète — le droit d'aînesse ; c'est la liberté testamentaire et il se contenterait même de l'extension de la quotité disponible à moitié dans tous les cas ; il accepte la liberté du travail, celle des échanges, la concurrence. « La permanence des engagements », ou la continuité des rapports entre le patron et l'ouvrier, que la contrainte procurait autrefois aux ateliers, il veut ne la devoir désormais qu'à la satisfaction réciproque des parties et à leur libre accord, qui en accroît encore l'efficacité sociale. En un mot, les bienfaits que l'ancien régime attendait de l'autorité, il ne les demande qu'à la persuasion et à la liberté, sous l'influence de la religion, de la famille et du patronage. C'est donc à bon droit que Sainte-Beuve l'appelait « un Bonald rajeuni et scientifique..., l'homme de la société moderne par excellence, élevé dans son progrès, dans ses sciences et dans leur application, de la lignée des fils de Monge et de Berthollet. »

III. — LA SOCIÉTÉ D'ECONOMIE SOCIALE

« Le Play, a dit M. Paul Leroy-Beaulieu, n'a pas seulement inventé une méthode et créé une doctrine ; mais encore il a constitué une école compacte qui semble devoir lui survivre ; enfin il laisse une œuvre. » (1). Cette école, formée de ses disciples, de ses adhérents, de ses amis

(1) *Journal des Débats*, 25 juin 1882.

connus et inconnus, a la Société d'Economie sociale pour siège de ses principales manifestations.

La Société d'Economie Sociale a été fondée par Le Play, il y a près d'un demi-siècle, en 1856, sur les instances de plusieurs des membres les plus éminents de l'Académie des Sciences qui venait de couronner son grand ouvrage : *Les Ouvriers européens.* Elle a été reconnue d'utilité publique en 1867.

Fidèle aux inspirations de son fondateur, cette Société a poursuivi ses enquêtes dans la voie féconde qu'il leur avait tracée. Fouillant tous les problèmes contemporains à l'aide de sa méthode, dont les applications quotidiennes, multipliées sans relâche depuis un demi-siècle, n'ont fait que confirmer l'excellence, elle a publié le résultat de ses recherches dans de nombreux volumes, dont la plupart se sont imposés à l'attention publique. Elle a notamment continué sur le même plan la publication des monographies de famille, dont le nombre dépasse cent, et encouragé celle des monographies de communes, dont la collection — en s'enrichissant tous les ans — finira par représenter, suivant le mot de Victor Hugo, « l'Histoire de France en petits morceaux. »

Dans ses réunions mensuelles, et souvent bi-mensuelles, la Société d'Economie sociale met à son ordre du jour les questions sociales les plus actuelles et les plus hautes, que les rapporteurs et les orateurs les plus compétents traitent non par des vues *a priori*, mais à la lumière de l'histoire ou de l'observation scientifique. La revue : *La Réforme sociale*, qui lui sert d'organe, rend compte de ses travaux, publie des communications originales, tient ses lecteurs au courant du mouvement social dans le monde entier et préconise les réformes pratiques recommandées par l'expérience.

La Société encourage les études méthodiques par des prix décernés aux meilleurs élèves de nos grandes écoles ; elle récompense par d'autres prix les travailleurs qui pratiquent les vertus de famille et l'attachement à l'atelier. La *Fondation Commines de Marsilly* lui permet d'élever des enfants abandonnés, d'en faire des ouvriers de colonisation et de faciliter leur établissement dans nos possessions d'outre-mer.

A ses côtés, les *Unions de la Paix sociale* sont nées, après les désastres de 1870, du généreux élan manifesté alors pour le relèvement de la patrie. Elles se composent de groupes autonomes, qui s'organisent à leur gré et sont représentés par des *correspondants*. Etrangères aux luttes des partis politiques, elles s'appliquent à l'observation méthodique et à la propagande populaire des vérités sociales, organisent des cours et des conférences, créent des bibliothèques et des groupes d'études, suscitent des travaux ou des œuvres d'économie sociale. Elles sont reliées entre elles par la *Réforme sociale* et tiennent de temps à autre des réunions régionales dans les différentes provinces.

En outre, depuis 1882, la Société organise, à Paris, des Congrès d'Economie sociale, qui se détachent au premier rang entre tous les Congrès analogues par l'éclat de leurs travaux et la portée de leurs résolutions.

Plusieurs de nos confrères de cette Académie, sans parler des autres classes de l'Institut, ont tour à tour présidé nos grandes assises mensuelles, et j'emprunte à l'un d'eux, M. Paul Leroy-Beaulieu, qui présidait le Congrès de 1888, son appréciation de l'esprit et du libéralisme qui caractérisent les travaux de la Société d'Economie sociale :

« Je connais votre Société, disait-il aux congressistes. Depuis bien longtemps, j'en suis avec fruit les travaux. Ce que j'admire surtout en elle, c'est sa largeur de vue. Ce n'est pas chez vous qu'on s'enferme, qu'on forme une de ces petites églises qui sont la plaie de notre pays, si profondément divisé. Loin de là, vous acceptez dans vos rangs tous les cerveaux faits d'une certaine façon, j'entends tous les cerveaux bien faits qui aiment la liberté en tout et qui seraient incapables de vouloir opprimer les opinions d'autrui. Aussi trouve-t-on parmi vous des représentants de tous les partis politiques, comme des fidèles de toutes les religions. J'ai été très édifié, je le répète, pour ne pas dire surpris, d'une telle largeur d'esprit. Et, comme d'autre part, je rencontre dans vos idées et dans les miennes une foule de points communs, je n'hésite pas, pour répondre à l'aimable invitation de votre président, à me fixer parmi vous plusieurs années et même, je l'espère, toute ma vie » (1).

La Société d'Economie sociale a obtenu les plus hautes récompenses dans toutes les expositions d'Economie sociale où elle a figuré, notamment des médailles d'or et des grands prix aux expositions universelles de Paris en 1889, de Bruxelles en 1897, de Paris en 1900.

Mais la distinction sur laquelle je suis heureux d'insister ici, c'est la grande médaille d'or du prix Audéoud que lui a décerné en 1889 notre Académie.

Depuis lors la Société a poursuivi, dans l'étude impartiale des faits, la solution expérimentale de ces questions sociales qui sont à la fois l'honneur et l'angoisse de notre temps. Elle a ainsi continué à gagner de nouveaux titres à la faveur publique et à justifier de plus en plus vos suffrages de 1889, dont elle est justement fière et sous le patronage desquels je prends la liberté de placer ma communication.

En la terminant, je salue avec émotion la mémoire du maître qui a, suivant la belle expression de Sainte-Beuve, « relevé parmi nous la statue du respect. » Sa ténacité indomptable au travail, la lumineuse unité de sa vie, sa passion sincère et désintéressée pour le bien et pour la vérité, son dévouement à l'humanité et à la patrie, son

(1) *Réforme sociale*, 1888, t. II, p. 57.

génie et sa vertu constituent une physionomie singulière-
ment attachante et pleine de grandeur, dont l'impression
ne s'effacera jamais au cœur de ceux qui en ont ressenti le
rayonnement direct.

E. CHEYSSON.

Séance du 15 juillet 1905.

PARIS. — IMPRIMERIE P. MOUILLOT, 13, QUAI VOLTAIRE. — 22139.

www.ingramcontent.com/pod-product-compliance
Lightning Source LLC
Chambersburg PA
CBHW060711280326
41933CB00012B/2392